El sí y el no en computación

Ciudadanía digital

Rosie McKee

COMPUTACIÓN CIENTÍFICA EN EL MUNDO REAL™

Rosen Classroom™

Publicado en 2018 por The Rosen Publishing Group, Inc. 29 East 21st Street, New York, NY 10010

Autora: Rosie McKee
Traductor: Alberto Jiménez
Directora editorial, español: Nathalie Beullens-Maoui
Editora, español: María Cristina Brusca
Editora, inglés: Caitie McAneney
Diseño del libro: Jennifer Ryder-Talbot

Todas las ilustraciones por Contentra Technologies

Library of Congress Cataloging-in-Publication Data

Names: McKee, Rosie.
Title: El sí y el no en computación: Ciudadanía digital / Rosie McKee.
Description: New York : Rosen Classroom, 2018. | Series: Niños digitales: Superdotados con pensamiento computacional / Computación científica en el mundo real | Includes glossary and index.
Identifiers: LCCN ISBN 9781538357552 (pbk.) | ISBN 9781538328828 (library bound) | ISBN 9781538357569 (6-pack) | ISBN 9781538357576 (ebook)
Subjects: LCSH: Internet and children--Juvenile literature. | Online etiquette--Juvenile literature. | Computer crimes--Prevention--Juvenile literature.
Classification: LCC HQ784.I58 M35 2018 | DDC 004.67/80832--dc23

Créditos fotográficos: Cubierta, p. 7 wavebreakmedia/Shutterstock.com; p. 4 Africa Studio/Shutterstock.com; p. 8 otnaydur/Shutterstock.com; p. 11 imtmphoto/Shutterstock.com; p. 12 racorn/Shutterstock.com; p. 15 Daisy Daisy/Shutterstock.com; p. 16 HBRH/Shutterstock.com; p. 19 George Rudy/Shutterstock.com; p. 20 goodluz/Shutterstock.com.

Fabricado en Estados Unidos de América

Información de cumplimiento CPSIA Lote #WS18RC: Si desea más información póngase en contacto con Rosen Publishing, New York, New York, teléf. 1-800-237-9932

Contenido

Imagina que debes escribir un trabajo sobre tiburones. ¡Puedes encontrar todos los datos necesarios en Internet!

Usa bien las computadoras

Hay computadoras por todas partes. Es probable que hayas visto o usado una portátil, una tableta o un teléfono inteligente. Estos dispositivos nos conectan con el resto del mundo mediante Internet. Es una gran responsabilidad. Primero debemos aprender los síes y los noes de las computadoras.

¿Cómo utilizarlas bien? Puedes usarlas para **investigar** el tema de un trabajo escolar, ya que una rápida búsqueda en línea te conectará con miles de **fuentes**, para estar en contacto con amigos y familiares o hasta para crear el código de un nuevo programa.

Crea y expresa

¿Cantas o bailas? ¿Tienes algo que decir? Internet es una gran **plataforma** para tu creatividad. Puedes conseguir un público mundial.

Las computadoras dan grandes oportunidades de crear obras de arte, grabaciones, escritos y vídeos. Algunos jóvenes crean vídeos sobre lo que aprenden en la escuela o sobre algo en lo que creen, como la amabilidad, la igualdad o la lucha contra la intimidación. Otros comentan su vida y sus experiencias en una serie de vídeos llamados vlog. ¡**Expresarse** es bueno!

Mucha gente publica sus fotos en Internet para que otros las vean.

Antes de publicar algo, piensa si el contenido es apropiado para la escuela. ¿Dirías lo mismo en persona?

Piensa antes de publicar

Una de las cosas más importantes que debemos recordar sobre las computadoras es que antes de publicar hay que pensar. Nuestro **contenido** en línea es como una huella dactilar: nuestra huella digital. Una vez que algo se publica en Internet, allí se queda. Aunque tú lo borres, es posible que alguien lo haya guardado.

Antes de publicar un contenido, formúlate las siguientes preguntas: ¿Es respetuoso? ¿Hiere los sentimientos de alguien? ¿Es **apropiado**? ¿Revela información personal que me ponga en peligro?

Respeta a los demás

Internet te conecta con mucha gente similar a ti, con los mismos gustos musicales, deportivos o literarios. Puede que incluso tengan un aspecto parecido al tuyo. No obstante, en Internet hay mucha **diversidad**.

El respeto en línea es tan importante como en persona. Hay gente que proviene de otros países, profesa otras religiones, tiene menos dinero que tú o piensa de forma distinta. Debes aprender a expresarte, pero siendo justo y respetuoso con todos.

También debemos ser justos y amables con quienes no compartan nuestros puntos de vista.

Los padres y los profesores saben cómo enfrentarse a situaciones incómodas en línea. Cuéntales tu problema.

Cuéntalo

Las computadoras te abrirán todo un mundo de diversión. Encontrarás juegos, vídeos y charlas con los amigos. Sin embargo, Internet también puede dar miedo.

Hay quienes intentarán hacerse amigos tuyos aunque no los conozcas. Quizá eso te preocupe y te haga sentirte inseguro. Los desconocidos pueden hacer comentarios hirientes o inapropiados sobre algo que tú hayas publicado. Si te sientes incómodo, cuéntaselo a tus padres o a un adulto en quien confíes: te ayudarán a lidiar con el problema.

No intimides

¿Te intimidaron en la escuela? ¿Intimidaste tú alguna vez? Intimidar es actuar de forma **agresiva** o indeseada. A veces se intimida de manera física, como al empujar o al pegar; otras de forma verbal, diciendo palabras hirientes.

La ciberintimidación es intimidación a través de Internet. Por ejemplo, al publicar **chismes**, fotos o vídeos que dañen a terceros, o enviar mensajes agresivos o insultantes. Los buenos ciudadanos digitales no intimidan, solo publican contenidos o comentarios corteses, ciertos y deseados.

La ciberintimidación hace de Internet un lugar desagradable. El buen ciudadano digital intenta hacer de la red un lugar seguro y amistoso.

Hablar en línea con desconocidos puede ser peligroso.

No hables con desconocidos

En línea te comunicarás con gente que conoces en persona: compañeros, vecinos, amigos o familiares. Pero en Internet también hay muchos desconocidos. No hables con ellos. Lo mejor es que solo te relaciones con quien conozcas personalmente.

Si un extraño se dirige a ti, no le **respondas** hasta habérselo contado a un adulto, aunque diga que te conoce o que conoce a un amigo tuyo.

No comuniques tus contraseñas

Las contraseñas nos permiten entrar en nuestras cuentas en línea. Tendrás que inventarlas para tu correo, tus **medios sociales** y tus juegos. Es crucial que no se las digas a nadie, salvo a tus padres, y que las guardes en lugar seguro. Si no, incluso tus amigos podrían usarlas para entrar en tus cuentas sin tu permiso.

Asegúrate de poderlas recordar, pero también de que otros no puedan suponerlas. Por ejemplo, en lugar de "tiburón" pon "¡TiBurÓN299!".

Nuestras contraseñas proporcionan información que no debemos compartir, ni siquiera con los amigos.

Los términos de privacidad permiten elegir quiénes ven nuestra información en línea. Cámbialos para que solo tus amigos y familiares puedan ver tus publicaciones.

No des información

Imagina que quieres publicar algo en línea. ¿Qué tipo de información es seguro compartir? ¿Qué tipo de información no es segura?

Suele ser seguro publicar lo que te gusta y lo que no, lo que se piensa respecto a un tema y el nombre o el apodo. Sin embargo, lo primero es pensar en el público. ¿Verá esto todo el mundo en línea o solo mi familia y mis amigos? Asegúrate de comprobar tus condiciones de privacidad antes de publicar nada, y nunca des información personal, como tu nombre completo, tu teléfono, tu dirección, tu email o tu escuela.

¡Sé inteligente en línea!

Las computadoras están entre nuestras mejores herramientas. Podemos obtener información de grandes fuentes para nuestro trabajo, mirar vídeos y oír música, así como crear nuestras propias grabaciones, vídeos o escritos.

Aprende a ser inteligente en línea para no correr riesgos. Piensa en lo que tu huella digital dice sobre ti y no olvides la ciudadanía digital, lo que significa hablar con propiedad y respeto. Estas habilidades computacionales te ayudarán a mantenerte a salvo ¡y a aprovechar al máximo tu tiempo en línea!

Glosario

agresivo: Persona que actúa con excesiva energía o que se muestra dispuesta a atacar.

apropiado: Correcto o adecuado para un propósito o situación.

contenido: Escritos, fotos, música o vídeos que publicamos en línea.

chisme: Rumor o informe de naturaleza personal.

diversidad: Cualidad de tener muchos tipos, formas o ideas diferentes.

expresar: Compartir habilidades creativas; hacer público lo que se piensa o se siente.

fuente: Algo o alguien que proporciona información.

investigar: Examinar a fondo un tema para encontrar algo nuevo.

medios sociales: Forma de comunicación en línea mediante la que los usuarios crean comunidades digitales para compartir información, mensajes personales y otros contenidos.

plataforma: Lugar para compartir pensamientos, ideas o trabajo.

responder: Contestar a alguien.

Índice